15.00   7/1/17

Explora las cadenas alimentarias y las redes tróficas

LAS CADENAS ALIMENTARIAS EN
EL DESIERTO

Katie Kawa

Traducido por Esther Sarfatti

PowerKiDS press.

Nueva York

Published in 2015 by The Rosen Publishing Group, Inc.
29 East 21st Street, New York, NY 10010

First Edition

Editor: Katie Kawa
Book Design: Reann Nye
Spanish Translation: Esther Sarfatti

Photo Credits: Cover Jay Ondreicka/Shutterstock.com; p. 5 (desert) Doug MacLeod/Shutterstock.com; pp. 5, 21 (cactus) Jerry Horbert/Shutterstock.com; pp. 5, 21 (grasshopper) bikeriderlondon/Shutterstock.com; pp. 5, 21 (deer mouse) Stuart Wilson/ Science Source/Getty Images; p. 7 Ken Wolter/Shutterstock.com; pp. 8, 21 (kangaroo rat) Brian L. Hendricks/Shutterstock.com; p. 9 emattil/Shutterstock.com; p. 11 Sumikophoto/Shutterstock.com; pp. 12, 21 (mule deer) Don Fink/Shutterstock.com; pp. 13, 21 (jackrabbit) Martha Marks/Shutterstock.com; pp. 14, 21 (rattlesnake) Gordon Wiltsie/National Geographic/Getty Images; pp. 14, 21 (scorpion) defpicture/Shutterstock.com; pp. 15, 21 (elf owl) Rolf Nussbaumer/Getty Images; pp. 16, 21 (coyote) iceprotector/Shutterstock.com; p. 17 Karen Grigoryan/Shutterstock.com; pp. 18, 21 (bacteria) clearviewstock/Shutterstock.com; p. 19 John Cancalosi/Photolibrary/Getty Images; p. 21 (fungi) Martin Fowler/Shutterstock.com; p. 21 (desert) JeniFoto/ Shutterstock.com; p. 21 (grass) Smileus/Shutterstock.com; p. 22 Johnny Adolphson/Shutterstock.com.

Library of Congress Cataloging-in-Publication Data

Kawa, Katie, author.
  Las cadenas alimentarias en el desierto / Katie Kawa, translated by Esther Sarfatti.
     pages cm. — (Explora las cadenas alimentarias y las redes tróficas)
  Includes bibliographical references and index.
  ISBN 978-1-4777-5990-5 (pbk.)
  ISBN 978-1-4777-5991-2 (6 pack)
  ISBN 978-1-4777-5989-9 (library binding)
  1. Desert ecology—Juvenile literature. 2. Food chains (Ecology)—Juvenile literature. I. Title.
  QH541.5.D4K39 2015
  577.54—dc23

Manufactured in the United States of America

CPSIA Compliance Information: Batch #CW15PK: For Further Information contact Rosen Publishing, New York, New York at 1-800-237-9932

CONTENIDO

¡HORA DE COMER!

Todos los seres vivos obtienen **energía** de la comida. Algunos seres vivos producen su propio alimento mientras que otros comen otros seres vivos. Una cadena alimentaria es una forma de mostrar cómo, al comer, la energía pasa de un ser vivo al otro. Una red trófica muestra cómo las diferentes cadenas alimentarias en un **hábitat** están conectadas.

Un desierto es un hábitat donde existen muchas cadenas alimentarias. Las plantas y los animales de un desierto dependen los unos de los otros para obtener la energía que necesitan para vivir y crecer. Solo ciertos animales y plantas pueden sobrevivir en este hábitat tan caluroso y seco.

Es un hecho

Todas las cadenas alimentarias, entre ellas las del desierto, comienzan con la energía solar.

SALTAMONTES

CACTUS

RATÓN CIERVO

Esta cadena alimentaria utiliza flechas para mostrar el flujo de energía que ocurre cuando un ser vivo come a otro. El cactus en esta cadena alimentaria utiliza la energía solar para producir su propio alimento.

LA VIDA EN EL DESIERTO

¿Qué te imaginas cuando piensas en un desierto? ¿Piensas en rocas y arena? ¿Lo imaginas lleno de polvo y plantas espinosas? ¿Ves cómo los rayos calientes del Sol caen a plomo sobre la tierra seca? Todo esto forma parte de un hábitat de desierto. Sin embargo, un hábitat de desierto no es tan desolado como te imaginas. De hecho, sirve de hogar a muchos animales y plantas **extraordinarios**.

Las plantas del desierto han desarrollado mecanismos especiales de **adaptación** que las ayudan en un hábitat caliente y seco. Los animales del desierto también han desarrollado estas adaptaciones para vivir en un lugar tan **extremo**.

Muchas plantas del desierto, como los cactus, no tienen hojas. Se trata de una adaptación que los ayuda a ahorrar agua. Las plantas, a menudo, pierden agua a través de sus hojas.

Es un hecho

Muchas plantas del desierto almacenan agua en sus tallos, porque la tierra es tan seca que no pueden obtener suficiente agua a través de sus raíces.

EN BUSCA DE AGUA

Aunque los desiertos son hábitats secos, las plantas y los animales que viven en ellos también necesitan agua para sobrevivir. Los desiertos reciben solamente una pequeña cantidad de agua al año. Las pocas veces que llueve, el calor del Sol hace que gran parte del agua regrese rápidamente al aire. Esto se llama evaporación.

Las plantas y los animales del desierto también desarrollan adaptaciones para obtener agua. El ocotillo tiene hojas que solo aparecen cuando llueve. La rata canguro obtiene toda el agua que necesita a través de las semillas que come.

Es un hecho

La rata canguro solo busca comida por la noche porque hace demasiado calor durante el día. Los animales que son activos por la noche se llaman animales nocturnos. Muchos animales del desierto son nocturnos.

Las hojas del ocotillo solo aparecen cuando este las necesita para atrapar el agua de lluvia. Estas hojas hacen que sea más fácil que la planta recoja toda el agua que pueda.

¿QUÉ ES LA FOTOSÍNTESIS?

Las plantas utilizan la energía del Sol para hacer, o para producir su propio alimento. Por esta razón, a las plantas se las llama productoras. Las plantas utilizan la energía solar, el agua y un gas que está en el aire, llamado dióxido de carbono, para producir una especie de azúcar. Este **proceso** se llama fotosíntesis. Cuando un animal come una planta, parte de la energía del Sol pasa al animal a través de la planta.

Hay mucha luz solar en el desierto para ayudar a las plantas a producir su alimento, pero a veces hay demasiada. El Sol puede hacer que el aire sea demasiado caliente y seco como para que crezcan ciertas plantas.

Es un hecho

Las hojas de las plantas del desierto, a menudo, son cerosas. Esto ayuda a impedir que pierdan agua debido a la evaporación.

Las plantas, como estas flores silvestres, son el primer **eslabón** en una cadena alimentaria de desierto.

COMER PLANTAS EN EL DESIERTO

Las plantas son el primer eslabón de una cadena alimentaria de desierto; y los animales que las comen son el segundo eslabón. Casi siempre que veas plantas en el desierto, verás también señales de vida animal. Esto se debe a que muchos animales del desierto dependen de las plantas para comer. Los animales que comen solamente plantas se llaman herbívoros.

La liebre norteamericana es un herbívoro de desierto muy común. Suele comer grandes cantidades de plantas de desierto, incluyendo el cactus. El ciervo mulo también come plantas de desierto, como las hierbas y los arbustos. Tanto la liebre como el ciervo mulo se caracterizan por sus grandes orejas.

Es un hecho

La liebre americana es una especie, o tipo, de liebre que vive en Norteamérica. Las liebres son parecidas a los conejos; pero tienen un tamaño mayor, orejas más grandes y patas traseras más largas.

El ciervo mulo y la liebre pierden calor del cuerpo a través de sus grandes orejas. Esto los ayuda a mantenerse más frescos en el desierto.

CAZAR EN EL DESIERTO

Las plantas no es lo único que comen los animales en un desierto. En este hábitat algunos animales también cazan y matan a otros animales. Los carnívoros son animales que comen otros animales y constituyen el tercer eslabón en una cadena alimentaria de desierto.

Los escorpiones y las serpientes de cascabel son depredadores de desierto que usan **veneno** para matar a sus **presas**. Las serpientes de cascabel comen ratones, ratas y otros pequeños **mamíferos** del desierto.

Los escorpiones, así como algunas especies de serpientes y ratones, son depredadores de desierto que comen insectos. Los escorpiones también son presas para otros depredadores, entre ellos el mochuelo de los saguaros. Los animales que comen otros carnívoros se llaman carnívoros secundarios. Cada uno crea otro eslabón en la cadena alimentaria.

Es un hecho

Los mochuelos de los saguaros sorprenden a sus presas porque no hacen ruido al volar.

¡COMEN CUALQUIER COSA!

Algunos animales comen los cuerpos de animales muertos. A estos se los llama carroñeros, y juegan un papel importante en las cadenas alimentarias del desierto. Los carroñeros impiden que la energía, los **nutrientes** y el agua de los cuerpos de los animales muertos se desperdicien.

Los coyotes son carroñeros de desierto. Comen los cuerpos de animales muertos, pero también comen muchos otros tipos de comida. Los coyotes comen tanto plantas como animales y, por lo tanto, son omnívoros. Entre otras cosas, los coyotes se alimentan de liebres, mochuelos de los saguaros, saltamontes y hierbas. El hecho de que sean capaces de comer muchos tipos de comida es importante, porque no siempre se encuentran ciertos alimentos en el desierto.

Es un hecho

Los coyotes tienen una forma de aullar muy característica que se oye frecuentemente en el desierto por la noche.

Los coyotes se encuentran en muchos hábitats diferentes. A veces se los ve en pueblos pequeños, ¡y hasta en las grandes ciudades!

17

LOS DESCOMPONEDORES DEL DESIERTO

Las plantas necesitan nutrientes de la tierra para producir su propio alimento. Incluso la tierra seca del desierto contiene nutrientes. Estos nutrientes vienen de plantas y animales muertos que se descomponen en la tierra. Los descomponedores son seres vivos que descomponen la materia de plantas y animales muertos. Este proceso devuelve más nutrientes a la tierra para que puedan crecer nuevas plantas.

Entre los descomponedores están ciertos tipos de bacterias y **hongos**. Algunos tipos especiales de hongos crecen en las raíces de las plantas del desierto. Los descomponedores son el eslabón final de una cadena alimentaria.

bacterias

Los descomponedores ayudarán a descomponer el cuerpo de este cactus muerto, lo cual hará que vuelvan los nutrientes a la tierra. Esto contribuirá a que nazcan nuevos cactus.

Es un hecho

Las bacterias son tan pequeñas que el ojo humano no puede verlas.

19

UNA RED TRÓFICA EN EL DESIERTO

Todos los seres vivos de un hábitat de desierto están conectados. Esta red trófica muestra las conexiones entre varias cadenas alimentarias del desierto. Las flechas usadas en la red trófica muestran los diferentes tipos de seres vivos en un hábitat de desierto. Los descomponedores, que aparecen en gris, descomponen los cuerpos de todos los componentes de esta red trófica una vez que han muerto. Sigue las flechas para ver cómo fluye la energía de un ser vivo a otro.

Clave de cadenas alimentarias

- carnívoro
- descomponedor
- herbívoro
- omnívoro
- productor

Es un hecho

Un ratón ciervo es un omnívoro porque come insectos, semillas y fruta.

BACTERIAS

HONGOS

CIERVO MULO

RATÓN CIERVO

HIERBA

CACTUS

RATA CANGURO

LIEBRE

SALTAMONTES

SERPIENTE DE CASCABEL

ESCORPIÓN

COYOTE

MOCHUELO DE LOS SAGUAROS

CADENAS ALIMENTARIAS EN ACCIÓN

El desierto es un buen lugar para visitar si quieres ver plantas y animales diferentes a los de cualquier otro sitio de la Tierra. Hay más cosas que ver en el desierto de las que te podrías imaginar. Desde hace miles de años se estudian los desiertos y nuevos descubrimientos se logran constantemente.

Es divertido ver lo diferente que es un desierto durante el día y durante la noche. Los animales nocturnos dan vida al desierto por la noche, cuando los depredadores persiguen a sus presas y los herbívoros buscan plantas para comer. En el desierto, ¡podrás ver cadenas alimentarias en acción por dondequiera que vayas!

GLOSARIO

adaptación: Un cambio en un ser vivo que lo ayuda a vivir mejor en su hábitat.

energía: El poder o la habilidad de estar activo.

eslabón: Una pieza que conecta con otra.

extraordinario: Fuera de lo común.

extremo: Algo que va más allá de lo normal o usual.

hongos: Seres vivos, como las setas y los mohos, que se alimentan de las plantas y los animales muertos.

hábitat: El hogar natural de las plantas, los animales y otros seres vivos.

mamífero: Cualquier animal de sangre caliente, con el cuerpo cubierto de pelo, cuyos bebés toman leche.

nutriente: Algo que consume una planta o un animal que lo ayuda a crecer y mantenerse sano.

presa: Un animal cazado por otros animales como alimento.

proceso: Una serie de acciones o cambios.

veneno: Una sustancia dañina producida por algunos animales.

ÍNDICE

SITIOS DE INTERNET

Debido a que los enlaces de Internet cambian a menudo, PowerKids Press ha creado una lista de los sitios Internet que tratan sobre el tema de este libro. Este sitio se actualiza con regularidad. Por favor, usa este enlace para ver la lista: www.powerkidslinks.com/fcfw/dfc